Wilhelm Schmid

Glück

Alles, was Sie darüber wissen müssen, und
warum es nicht das Wichtigste im Leben ist

Insel Verlag

Zum Autor

Wilhelm Schmid, geboren 1953 in Billenhausen (Bayerisch-Schwaben), lebt als freier Philosoph in Berlin und lehrt Philosophie als außerplanmäßiger Professor in Erfurt. Viele Jahre war er als Gastdozent in Riga/Lettland und Tiflis/Georgien sowie als »philosophischer Seelsorger« am Spital Affoltern am Albis in der Schweiz tätig. Homepage: www.lebenskunstphilosophie.de
Jüngste Buchpublikationen in den Verlagen Insel und Suhrkamp: *Die Fülle des Lebens. 100 Fragmente des Glücks*, 2006. *Die Kunst der Balance. 100 Facetten der Lebenskunst*, 2005. *Mit sich selbst befreundet sein. Von der Lebenskunst im Umgang mit sich selbst*, 2004.

© Insel Verlag Frankfurt am Main und Leipzig 2007
Alle Rechte vorbehalten, insbesondere das der Übersetzung, des öffentlichen Vortrags sowie der Übertragung durch Rundfunk und Fernsehen, auch einzelner Teile.
Kein Teil des Werkes darf in irgendeiner Form (durch Fotografie, Mikrofilm oder andere Verfahren) ohne schriftliche Genehmigung des Verlages reproduziert oder unter Verwendung elektronischer Systeme verarbeitet, vervielfältigt oder verbreitet werden.
Druck: Ebner & Spiegel, Ulm
Printed in Germany
Erste Auflage 2007
ISBN 978-3-458-17373-1
1 2 3 4 5 6 – 12 11 10 09 08 07

Inhaltsverzeichnis

Vorwort 7

1. Das Zufallsglück 10
2. Das Wohlfühlglück 16
3. Das Glück der Fülle 28
4. Das Glück des Unglücklichseins 39
5. Warum Glück nicht das Wichtigste im Leben ist: Die Frage nach dem Sinn und die möglichen Antworten darauf 45
6. Sinn, der körperlich wahrzunehmen ist 48
7. Sinn, der in tiefster Seele zu fühlen ist 52
8. Sinn, der im Geiste zu denken ist 58
9. Sinn über sich hinaus, der zu denken und zu fühlen ist 67
10. Moderne Frage nach Sinn, andersmoderne Arbeit am Sinn 72

Vorwort

Was kann dieses Buch dazu beitragen, dass Sie Ihr Glück finden können? Einen Moment des Nachdenkens, sonst nichts. Eine kleine Atempause inmitten der Glückshysterie, die um sich greift. Viele Menschen sind plötzlich so verrückt nach Glück, dass zu befürchten ist, sie könnten sich unglücklich machen, nur weil sie glauben, ohne Glück nicht mehr leben zu können. Fluten von Diskursen brechen über die Menschen herein, um ihnen zu sagen, was das Glück denn sei und was der richtige Weg dazu wäre. Klar ist dabei vor allem eins: Es steht nicht gut um das Glück. In welchem Maße Menschen von der Suche danach beunruhigt sein können, haben mir selbst viele Gespräche im Rahmen einer Tätigkeit als »philosophischer Seelsorger« an einem Krankenhaus gezeigt. Die Reaktion darauf konnte nicht eine Haltung der Ignoranz sein, sondern nur stets von Neuem ein Moment des Nachdenkens, um die Frage zu erörtern: *Was ist Glück?*

Die Antwort erscheint zunächst einfach: Glück ist nichts als ein Wort. Also Schall und Rauch. Entscheidend ist allerdings, was mit dem Wort bezeichnet wird, welche *Bedeutung* ihm gegeben wird. Diese Bedeutung scheint durch die Zeiten und von Kultur zu Kultur veränderlich zu sein. Anhand der wechselnden Bedeutungen im Laufe der Zeit könnte sogar eine eigene *Geschichte des Glücks* geschrieben werden, die mehr wäre als nur eine Geschichte des Begriffs. Sie könnte zeigen, dass das Bedürfnis nach Glück in der Geschichte sporadisch aufwallt und sich Bahn bricht im Diskurs, aus Gründen, die nicht sofort erkennbar sind. »Glücklich leben wollen alle«: Mit dieser Beobachtung setzte vor langer Zeit schon ein Buch über das glückliche Leben ein, *De vita beata* von Seneca im 1. Jahrhundert n. Chr. – Aber nicht zu allen Zeiten fragen Menschen überhaupt danach. Die Geschichte könnte zeigen, dass die Frage nach dem Glück über lange Zeiten hinweg keine große Rolle spielte, da es eher ums Überleben ging. Dass es lange verpönt war, sie mit Blick auf das Diesseits zu stellen, da das Glück doch, so der Glaube, nur im Jenseits zu finden war. Und wenn es um das diesseitige Glück geht, wollen nicht alle auf dieselbe Weise glücklich sein. Die Geschichte könnte einen Eindruck davon vermitteln, was für unterschiedliche Vorstellungen davon die Kulturen entwickelt haben, sodass globale Umfragen, auf deren Basis Rankings der glücklichsten Länder auf dem Planeten erstellt werden, nicht sonderlich aussagekräftig sind. Die Wahrheit ist: Es gibt keine verbindliche, einheitliche Definition des Glücks. Was darunter zu verstehen ist, legen letztlich Sie selbst für sich fest. Die Philosophie kann lediglich etwas behilflich sein bei Ihrer eigenen Klärung der Frage: Was bedeutet Glück für mich? Etwa dadurch, dass sie die gängigen Auffassungen darlegt und vergessene Möglichkeiten aufzeigt, in der gebotenen Kürze, damit Sie sich alsbald wieder anderen Dingen des Lebens zuwenden können. Bei genauerem Hinsehen erweist sich, dass nicht etwa nur eines, sondern mehrere »Glücke« im Spiel sind, die auseinanderzuhalten sinnvoll erscheint.

1. Das Zufallsglück

Da ist zuallererst das *Zufallsglück*, das das ganze Leben hindurch Bedeutung hat: Menschen wünschen sich etwas, das ihnen unvermutet zufällt und günstig für sie ausfällt. Im Deutschen rührt das Wort »Glück« vom mittelhochdeutschen *gelücke* her, das in der Welt des Mittelalters den zufälligen Ausgang einer Angelegenheit bezeichnete, ursprünglich jedoch nicht nur im günstigen, sondern auch im ungünstigen Sinne. In antiker Zeit wurde die Zufälligkeit dieses Glücks, ebenfalls im doppelten Sinne, als Göttin verehrt und gefürchtet, *Týchē* im Griechischen, *Fortuna* im Lateinischen, erhalten als *fortune* im Französischen oder *fortune* im Englischen. Im Laufe der Zeit, erst recht in der Moderne, wurde diese Art von Glück dann immer mehr mit dem *günstigen* Zufall und der *erwünschten* Fügung in Verbindung gebracht: Das Positive allein sollte übrig bleiben. Jemandem Glück zu wünschen ist immer mit einer solchen Hoffnung verbunden. »Da hast du aber nochmal Glück gehabt«, heißt so viel wie: Der Zufall war dir wohlgesonnen. Und dies gerade auch dann, wenn etwas schlecht oder sogar schlimm ausgegangen ist: Dass es nicht per Zufall noch schlimmer gekommen ist, war wirklich *Glück*, »Glück im Unglück«. Positiv soll es auch im negativsten Fall noch sein.

Vermutlich liegt ein Zufall schon der Zeugung eines Menschen, sodann aber vielen Ereignissen seines Lebens zugrunde. Offen ist die Frage und wird es wohl bleiben, ob diese glücklichen oder unglücklichen Zufälle »Sinn haben«, ob sie einer Vorherbestimmung oder Vorsehung folgen. Handelt es sich um eine »schicksalhafte Fügung«? Aber wer oder was schickt und fügt? Immerhin weisen die Zufälle nicht selten erstaunliche Regelmäßigkeiten auf, ganz so, als würden sie einem Masterplan folgen, sowohl auf glücklicher wie auf unglücklicher Seite. Dass ein, zwei Glücksfälle Eigendynamik gewinnen können und weitere anziehen; dass umgekehrt, wenn man kein Glück hat, »auch noch Pech dazukommt«: Das lässt auf ein *Aufschaukelungsgesetz* schließen, dem die Zufälle folgen, und jedes Mal glaubt der Betroffene, dass es nun für immer so bleiben wird. Kaskaden von Zufällen zeichnen zuweilen Linien ins Leben, die von verblüffender Logik sind, entsprechen dabei mal dem, was ein Mensch sich selbst vorgestellt hat, mal stehen sie dem mit einiger Konsequenz entgegen. Liegt das ordnende Prinzip dafür im Menschen selbst oder außerhalb? Dass ein verborgener Sinn, ein geheimer Zusammenhang in der Form des Zufalls zu Tage tritt, lässt sich weder definitiv ausschließen noch zweifelsfrei bewahrheiten. Klarheit darüber zu gewinnen, bedürfte einer Position des vollkommenen Überblicks über das eigene Leben, über das Leben überhaupt, über die gesamte Welt und vor allem über die Sterne, über all das eben, was Einfluss auf die scheinbare Zufälligkeit nehmen könnte: Diese Position aber hat allenfalls einer inne, und der ist kein Mensch. Somit bleibt der *Sinn* eine Frage der *Deutung*. Wie auch immer sie beantwortet wird: Menschen gehen damit eine engere Beziehung zum jeweiligen Geschehen ein, und darauf kommt es an. Die *mögliche* Deutung, dass eine übergreifende Dimension Einfluss nimmt, sollte dabei nicht vorschnell abgetan werden: Diese Dimension kann eine Instanz für Anrufungen sein, religiös im Gebet, säkular in einer Meditation, und eine erwünschte Folge ist die Konzentration der eigenen Kräfte darauf, dass etwas günstig verläuft. Und das Gefasstsein darauf, dass dies nicht immer der Fall sein kann.

Wesentlich am Zufallsglück ist seine Unverfügbarkeit; verfügbar ist lediglich die *Haltung*, die ein Mensch dazu einnehmen kann: Er kann sich öffnen oder verschließen für den Zufall einer Begegnung, einer Erfahrung, einer Information. Im Inneren seiner selbst wie im Äußeren seiner Lebensführung kann er das Schmetterlingsnetz bereithalten, in dem ein Zufall sich verfangen kann, oder die Wand errichten, an der jeder Zufall abprallt. Ist es wirklich möglich, sich dem ungünstigen Zufall zu *verschließen*? Dazu müsste die Feststellung Blaise Pascals aus dem 17. Jahrhundert beherzigt werden: »Alles Unglück der Welt rührt daher, dass die Menschen nicht in ihren Wohnungen bleiben.« Die Alternative dazu ist, sich zu *öffnen*. Die Offenheit ist besser bekannt als Spontaneität, verbunden mit der Aufmerksamkeit und dem Gespür dafür, den günstigen Zufall zu erkennen und zu ergreifen, sowie mit der umsichtigen Vorbereitung auf eine mögliche günstige Gelegenheit, entsprechend einer von Seneca inspirierten englischen Sentenz: »Luck is where opportunity meets preparation.« Ist die Arbeit der Vorbereitung geleistet, bedarf es nur noch der Duldsamkeit, des Wartenkönnens, bis etwas sich fügt, des Hinnehmenkönnens, falls nichts sich fügt oder anders als erwartet ausfällt.

Es scheint so, als würde die Offenheit das günstige Zufallsglück beflügeln: Gerne macht es dort Station, wo es sich gut aufgehoben fühlt und nicht noch Vorwürfe zu hören bekommt, dass es »momentan nicht passt« – ganz so, als wäre der Zufall ein Wesen, das genau spürt, wo es willkommen ist und wo nicht. Eine forciert offene, eine *offensive* Haltung im Umgang mit dem Zufall bestünde zudem darin, »das Glück zu kitzeln«, ihm eine Chance zu geben, auch wenn es unverfügbar bleibt: Wer auf den Zufall einer Begegnung, Erfahrung, Information hofft, tut gut daran, dies Anderen mitzuteilen; auch das Internet lässt sich dafür nutzen. Die Wahrscheinlichkeit, dass von irgendwo her etwas zufällt, ist dann jedenfalls deutlich größer, als wenn die Hoffnung im eigenen Inneren verschlossen bleibt. Wer nie Lotto spielt, hat keine Aussichten auf einen Lottogewinn. Sollte aber wirklich ein ansehnlicher Gewinn ins Haus stehen, ist damit noch lange nicht gesagt, dass er auch gut bewältigt wird: Das Leben wird nicht automatisch schon besser gemeistert mit einem unverhofften Zufallsglück, das zwar die äußeren Bedingungen des Lebens verbessert, aber die innere Bereitschaft, am Leben zu arbeiten, eher verschlechtert. Auch aus diesem Grund kann ein Zufallsglück sich im Laufe der Zeit noch als Unglück erweisen, ein Unglück aber umgekehrt als Glück. Von noch größerer Bedeutung für den modernen Menschen ist freilich ein zweites Glück.

2. Das Wohlfühlglück

Suchen Menschen in moderner Zeit nach Glück, so verstehen sie darunter meist, dass es ihnen gut geht, dass sie gesund sind, sich wohl fühlen, Spaß haben, angenehme Erfahrungen machen, Lüste empfinden, Erfolg haben, kurz: all das erleben, was als positiv gilt. Menschen suchen ihr Glück vorzugsweise in der »guten Stimmung«, und wenn es dann doch zu einer Verstimmung kommt, müssen sie sich von dieser lästigen Störung alsbald wieder befreien. Neben dem Zufallsglück geht es also um ein Glück, das man das *Wohlfühlglück* nennen kann, *happiness* im Englischen, *bonheur* im Französischen, während es im Deutschen nur ein Wort für alle Glücke gibt, eine merkwürdige Sparsamkeit der ansonsten so reichen und differenzierten Sprache, die auf einen historischen Mangel an Interesse schließen lässt: Es ging lange nur um Pflicht und eben nicht um Glück. Das Wohlfühlglück schwang wohl schon im griechischen Begriff *makariótes* und im lateinischen Ausdruck *felicitas* mit, in moderner Zeit jedoch wird der Begriff des Glücks fast allein über das Wohlgefühl definiert. Meist ohne es zu wissen, folgen moderne Menschen damit einer Definition, die erstmals 1690 von John Locke, einem führenden Vertreter des englischen Empirismus, vorgenommen wurde, ausgehend von der Behauptung, die Natur habe dem Menschen das »Streben nach Glück« (*pursuit of happiness*) und den »Widerwillen gegen Leid« eingepflanzt, Glück aber sei die »größtmögliche Lust« (*Versuch über den menschlichen Verstand*, II, 21, 42). Darauf folgte im 18. Jahrhundert, dem Jahrhundert der Aufklärung, ein ausufernder Diskurs über das Glück, und es entstand eine regelrechte Glückswissenschaft, die der systematischen Produktion von Lust dienen sollte. In der französischen *Enzyklopädie*, von 1751 an ediert, wird im Artikel über das Glück (*bonheur*) die Frage aufgeworfen, ob nicht jeder sogar das »Recht« habe, ganz nach seiner eigenen Vorstellung glücklich zu sein. Und tatsächlich fand ein Recht auf Streben nach Glück, in der Folge oft verkürzt verstanden als ein Recht auf Glück, Eingang in die amerikanische Unabhängigkeitserklärung von 1776. In

England präzisierte Jeremy Bentham, der Begründer der philosophischen Schule des Utilitarismus, was unter Glück zu verstehen sei. Vermutlich auf ihn bezog sich Friedrich Nietzsche (*Götzen-Dämmerung*, Sprüche und Pfeile, 12) mit seinem Spott: »Der Mensch strebt *nicht* nach Glück; nur der Engländer tut das.« Glück sei, so Bentham in seinem Buch *Einführung in die Prinzipien der Moral und der Gesetzgebung*, das im Jahr der Französischen Revolution 1789 erschien, eine Maximierung von Lust sowie Minimierung oder besser noch Eliminierung von Schmerz.

Kaum eine philosophische Auffassung hat sich je dermaßen durchgesetzt wie diese moderne Glücksformel. Die moderne Spaß- und Erlebnisgesellschaft wäre ohne Streben nach Glück in diesem Sinne gar nicht denkbar gewesen. Nicht dass es in irgendeiner Weise verwerflich sein könnte, Lüste zu empfinden und von Schmerzen frei zu sein. Das Problem ist nur: Diese Art von Glück hält nie lange vor. Es hat seine Zeit, die »gute Stunde« eines *bonheur*, es hält glückliche Augenblicke bereit, für die der Einzelne sich offen halten und die er auch selbst präparieren kann; Augenblicke, die sich suchen und finden lassen und die so schön sind, dass sie »verweilen« sollen. Für dieses Glück lässt sich wirklich viel tun, es ist *machbar*, soweit es sich nicht ohnehin von selbst ergibt. Mit ein wenig Erfahrung kann ein Mensch seine Ingredienzien kennen und an ihrer Bereitstellung arbeiten, Tag für Tag. So ein *Glücksmoment* ist eine aromatisch duftende, wohlschmeckende Tasse Kaffee. Oder ein schöner Film, der zelebriert wird und für den man vielleicht einen ganzen Abend im Kino verbringt. Oder das vertraute Gespräch, in dem Liebende und Freunde sich miteinander gelegentlich selig verlieren, denn die Aufmerksamkeit des Anderen tut so gut, dass es dabei kaum je zur Sättigung kommt. Oder die Wellness, die in der Sauna, im Spa oder sonstwo zu genießen ist. Die Schokolade nicht zu vergessen, mit möglichst hohem Kakaoanteil, um unvorteilhafte Risiken und Nebenwirkungen zu minimieren. Auch die Herausforderung, die bewältigt wird, die neue Erkenntnis, die neue Erfahrung, der unbekannte Weg, die ungewohnte Umgebung, die andere Tätigkeit, solange sie den Reiz des Neuen bietet. Und durchweg die Vorfreude auf all das, das Verlangen und Begehren danach, das oft mehr Glück vermittelt als das Genießen selbst, noch dazu eines, das weit länger vorhält.

Den jeweiligen Pegelstand dieses Glücks können Neurobiologen messen: Da geht es um Endorphine, sprachliche Kurzform für *endogene Morphine*, körpereigene Drogen also, die preiswert zu haben sind, aber ähnliche Probleme wie alle Drogen mit sich bringen: Zu häufiger Gebrauch schwächt die Wirkung ab, sodass die Dosis gesteigert werden muss; zu große Regelmäßigkeit befördert die Abhängigkeit. Verschiedene »Glückshormone« wie etwa Serotonin und Dopamin werden in den »Belohnungszentren« des Gehirns ausgeschüttet und befördern die angeregte Kommunikation zwischen den Nervenzellen. Davon leiten Glücksforscher ihre Behauptung ab, Glück sei, wenn die Chemie im Gehirn stimme. Wenn umgangssprachlich davon die Rede ist, »sein Glück zu machen«, dann ist in noch größerem Maßstab die Besorgung günstiger und angenehmer Lebensumstände damit gemeint. Man kann sich wohlfühlen aufgrund eines Gelingens, eines Erfolgs, die umso mehr zu genießen sind, wenn ihnen eine große Anstrengung vorausgegangen ist, aber an Genuss verlieren, wenn sie keine Mühe gekostet haben, da dann die Kontrasterfahrung fehlt. Mit nachhaltiger *Übung*, mit asketischer Anstrengung lassen sich die Voraussetzungen fürs Wohlfühlglück verbessern. Die ständige Wiederholung, die das Wesenselement der Übung ist, verfeinert die Kunst in der jeweiligen Glücksdisziplin, sodass letztlich *Exzellenz* erreicht werden kann, die eine tiefe Befriedigung vermittelt und auf diese Weise nachhaltig glücklich macht: exzellentes Essen zuzubereiten, exzellent zu lieben, einen Beruf exzellent auszuüben usw.

Ohne jeden Zweifel hat dieses Glück seine Bedeutung, und es ist sinnvoll, es zu nutzen, und auch nicht zu knapp. Aber es ist die philosophische Lebenskunst, die einen Menschen davor bewahren kann, das gesamte Leben mit einem einzigen Wohlfühlglück zu verwechseln. Beizeiten stellt sie ihn darauf ein, dass es noch andere Zeiten geben wird, dass nicht alles jederzeit lustvoll sein kann

und völlige physische und psychische Schmerz-
freiheit nicht zu erreichen ist. Wie es um die Maximierung der Lust bestellt ist, kann jede und jeder im Grunde jeden Tag in Erfahrung bringen:
Ein Essen schmeckt sehr gut? Nach der dritten
Portion verkehrt sich das Wohlgefühl in ein Unwohlsein. Der Wein ist exzellent? Aber der Genuss wächst keineswegs mit der Zahl der Gläser.
Das Gespräch ist spannend? Aber irgendwann
macht sich dennoch Erschöpfung breit. Was eben
noch so lustvoll erschien, verliert plötzlich an An-
ziehungskraft. Die Maximierung der Lust wirkt
kontraproduktiv, denn auf sie folgt die Maximierung der Unlust. Robbie Williams, der Superstar
der Popwelt, der immer »gut drauf« war bei einer
Tasse Espresso, brachte es, um das tolle Gefühl
auf Dauer zu stellen, auf 36 Tassen pro Tag, be-
vor er professionelle Hilfe in Anspruch nehmen
musste. Den permanenten Rausch gibt es nur um
den Preis vollkommener Erschöpfung. Sinnvoll
ist daher nicht die *Maximierung*, das höchste
Maß, sondern die *Optimierung*, um das beste
Maß zu finden, das es in jedem Fall gibt, das aber
für jeden anders ausfällt und nur auf dem Weg

von Versuch und Irrtum in Erfahrung zu bringen ist. In keinem Fall kann es um eine anhaltende Lust gehen. Das Glück in einer Art von Dauerlust zu suchen erscheint sogar als der sicherste Weg, unglücklich zu werden, denn die Lust kann partout nicht andauern: Die Lust des Essens, des Trinkens, auch die des Bettes ist ein schöner Moment, ein Hochgefühl, eine selige Erfahrung, aber sie hält nicht vor, das gehört zu ihrem Wesen.

Was ist mit den Momenten danach, mit den Zeiten dazwischen? Moderne Menschen sind nicht darauf vorbereitet, dass es diese »Auszeiten« gibt, diese Flauten; sie tun sich schwer mit den tristen, grauen, alltäglichen Zeiten, in denen die Lust sich erst wieder erholen muss. Bei allen Anderen scheint das Leben ein einziger Brüller zu sein, insbesondere die Schönen, Reichen, Berühmten scheinen das permanente Wohlgefühl gepachtet zu haben, nur bei einem selbst gelingt das nicht. In Wahrheit entwickeln viele eine Meisterschaft darin, andere Zeiten vor fremden Augen zu verbergen, so gut es nur geht. Anstatt sie als sinnvollen Bestandteil des Lebens zu akzeptieren, das sich regeneriert, wird versucht, so rasch wie möglich neue Reize, neue Anlässe zur Lust aufzuspüren, die jeweilige Dosis zu steigern, sogar noch den Schmerz zu suchen und ihn sich vielleicht selbst zuzufügen, wenn das allein noch »einen Kick«, also Endorphine verspricht. Und wenn das alles nichts nützt, dann »lohnt sich eben das Leben nicht mehr«. Mit den gewöhnlichen Zeiten des Lebens zurechtzukommen ist wahrlich nicht einfach. Die wichtigste Voraussetzung dafür ist jedoch, diese Zeiten in ihrem eigenen Recht anzuerkennen, um an einer Kunst des Umgangs mit ihnen arbeiten zu können. Ein Problem des Wohlfühlglücks ist die allzu große Erwartungshaltung: Je größer die Erwartung an ein »positives« Leben, desto schwieriger wird es, mit einer »negativen« Realität leben zu können. Und ein schier unlösbares Problem ist die Erwartung, die auf jede Wohlfühl-Erfahrung geradezu automatisch folgt: Dass sie sich genau so, also identisch wiederholen lasse. Genau das aber ist nie der Fall, denn identische Wiederholungen gibt es nicht. Das gleiche Essen, der gleiche Wein, die gleiche Situation am Abend etc. – und doch ist es nie dasselbe.

So viel zur Maximierung der Lust. Das andere Problem des Wohlfühlglücks ist die Minimierung von Schmerz, die auf den Versuch zu dessen Eliminierung hinausläuft: Schmerzen sollen gar nicht erst vorkommen, sie sollen verschwinden aus dem menschlichen Leben. Sie ausschalten zu wollen kann jedoch nicht nur zum Verlust der Kontrasterfahrung führen, die die Lust erst fühlbar macht, sondern zum völligen Verlust der *Orientierung im Leben*. Dass Schmerzen diesen Sinn fürs Leben haben können, ist wohl der Grund dafür, dass es trotz immenser Anstrengungen mit wissenschaftlichen und technischen Mitteln die gesamte Moderne hindurch noch nicht gelungen ist, sie endgültig zu besiegen. Denn Schmerzen sind der Stachel, der immer aufs Neue zum Nachdenken über das gesamte Leben nötigt; Schmerzen zwingen die Sorge herbei, die ein Selbst wieder auf den Weg zu bringen vermag. Das leisten leider nicht die Lüste, das leistet am ehesten der Leidensdruck. Schmerzen sind körperlich, seelisch und geistig zu fühlen, aber auch an jenem Teil des Selbst, der von empfindlichen Nerven durchzogen zu sein scheint: an der Geldbörse. Etwas davon muss wehtun, um Menschen in Unruhe zu versetzen, nicht nur privat, sondern auch gesellschaftlich: Lustvoll hätten moderne Menschen über lange Zeit hinweg einiges über ökologische Zusammenhänge lernen können, um den Vollzug ihres Lebens und die Entwicklungsrichtung ihrer Technik daran zu orientieren. Aber es geschah erst, als die Verletzung dieser Zusammenhänge auf das Befinden des Einzelnen zurückzuwirken begann.

Dass das Leben Höhen und Tiefen kennt, dass auf jede Party ein Chill-out folgt, weiß auch der moderne Mensch, aber in seinen Augen kommt eigentlich nur den Höhen ein Recht auf Existenz zu, die Tiefen haben es verwirkt, ihnen droht die Höchststrafe der Moderne, die Abschaffung und Entsorgung. Lassen Ängste, Traurigkeit, Depressionen und andere Anlässe für Tiefen sich nicht verdrängen, so ist nach Auffassung des modernen Menschen alles dafür zu tun, wieder aus dem Tief herauszukommen – am besten, da es eilt, mit Hilfe rasch wirkender Medikamente. Fehlendes Glück ist in der Moderne nur als eine Art von

Krankheit denkbar, Diagnose *anhedonía*, Abwesenheit von Lust, die mit allen Mitteln geheilt werden muss, sonst droht der Tod, vor allem der soziale Tod, denn Menschen, die »nicht gut drauf sind«, will niemand um sich haben. Es ist jedoch möglich, dass gerade diese Auffassung von Glück unglücklich, ja, sogar krank macht. Menschen können krank werden nicht nur aufgrund innerer und äußerer Ursachen, sondern auch aufgrund von *Begriffen*, die einen so hohen Maßstab des Lebens festlegen, dass das Leben daran nur noch scheitern kann. Der moderne Begriff von Glück ist ein solcher Maßstab, der Menschen systematisch ins Unglück treibt. Was für ein Glück, dass es noch andere Auffassungen vom Glück gibt!

3. Das Glück der Fülle

Die antiken Philosophen, Sokrates, Platon, Aristoteles, Seneca, die alle schon vom Glück sprachen, *eudaimonía* im Griechischen, *beatitudo* im Lateinischen, schrieben ihm vor allem Dauerhaftigkeit zu. Das bloße Wohlfühlglück konnten sie damit nicht gemeint haben. Gerade bei Epikur, dem angeblichen »Lustmolch« unter den Philosophen, sind signifikante Aussagen über Lust und Schmerz zu finden (*Brief an Menoikeus*, 129): »Nicht jede Lust wählen wir.« »Nicht jeden Schmerz meiden wir.« Glück, so ist damit gemeint, geht nicht darin auf, nur eine Seite des Lebens, nämlich die des Angenehmen, Lustvollen und »Positiven«, anzuerkennen und allein zu betonen. Das größere Glück, das *Glück der Fülle*, umfasst immer auch die andere Seite, das Unangenehme, Schmerzliche und »Negative«, mit dem zurechtzukommen ist. Niemand sucht dieses Andere, aber auszuschließen ist es nicht. Im besten Fall ist es zu mäßigen, und die beste Voraussetzung dafür ist, das Andere des Lebens in seinem Recht auf Existenz grundsätzlich anzuerkennen.

Abhängig ist dieses Glück der Fülle allein von der *geistigen Haltung* zum Leben, die ein Mensch einnimmt und im Laufe der Zeit im Denken einübt, ausgehend von der Überlegung, was denn das Eigentümliche des Lebens durch all seine Phänomene und Unwägbarkeiten hindurch ist: Ist es nicht die *Polarität*, die Gegensätzlichkeit und Widersprüchlichkeit, die sich in allen Dingen und Erfahrungen zeigt? Das moderne Welt- und Menschenbild ging davon aus, dass alles »positiv« sein kann, aber es ist nun mal so, dass es »negative« Dinge gibt, die nicht verschwinden, unabhängig davon, wie viele Schönheitsoperationen unternommen, Medikamente erfunden, politische Maßnahmen ergriffen werden. Hartnäckig fordert das Leben seine Polarität ein, etwa beim modernen Versuch zur Ausschaltung von Lebensrisiken, mit der Folge, dass Menschen willentlich nach riskanten Unternehmungen (Abenteuerurlaub) suchen, da ein Grundmaß an Risiko offenkundig nicht unterschritten werden kann.

Sodass der Einzelne sich fragen könnte: Ist es mir möglich, die Polarität des Lebens zu akzeptieren, nicht in jeder ihrer Erscheinungsformen, aber in ihrer Grundstruktur? Kann ich einverstanden sein mit dem gesamten Leben? Wie lebe ich mit dem Negativen an mir selbst und in meinem Leben? Erscheint das Leben in all seiner Polarität dennoch von Grund auf schön und bejahenswert? Dann kann ich mich eingebettet wissen in einen größeren Zusammenhang, in dem das Eine wie das Andere Platz hat. Mit einer Dankbarkeit gegenüber dem Leben und einer Freude, die nicht darauf beruht, nur die positive Seite des Lebens wahrhaben zu wollen.

Das erfüllte Leben ist dann gleichsam das *Atmen* zwischen den Polen des Positiven und Negativen: Mit dem, was gut tut, neuen Atem zu schöpfen, gerade in einer problematischen Zeit, in der das Leben eng wird – und auf einer Höhe des Lebens darauf vorbereitet zu sein, dass es noch andere Zeiten geben wird. Die gesamte Weite der Erfahrungen zwischen Gegensätzen vermittelt erst den Eindruck, wirklich zu leben und das Leben voll und ganz zu spüren. Wodurch sollte dieses Glück jemals in Frage gestellt werden? Was zur Fülle des Lebens beiträgt, bestärkt dieses Glück, geschwächt wird es durch die Vereinseitigung der Erfahrung, meist nach der Seite des Angenehmen hin, die am ehesten festzuhalten versucht wird. Dieses Glück ist umfassender und dauerhafter als alles Zufallsglück und Wohlfühlglück; es ist das eigentlich philosophische Glück, nicht abhängig von günstigen oder ungünstigen Zufällen, von den momentanen Schwankungen zwischen Wohlgefühl und Unwohlsein, vielmehr die immer aufs Neue zu findende Balance in aller Polarität des Lebens, nicht unbedingt im jeweiligen Augenblick, sondern durch das gesamte Leben hindurch: Nicht nur Gelingen, auch Misslingen; nicht nur Erfolg, auch Misserfolg; nicht nur Lust, auch Schmerz; nicht nur Gesundheit, auch Krankheit; nicht nur Fröhlichsein, auch Traurigsein; nicht nur Zufriedensein, auch Unzufriedensein. Nicht nur erfüllte, sondern auch leere Tage, denn hundert Tage, die als leer und langweilig empfunden werden, sind vollkommen gerechtfertigt für einen einzigen der überbordenden Fülle.

Den entscheidenden Schritt zu diesem Glück macht ein Mensch mit der Festlegung seiner Haltung selbst. Dann kann er mit dem Leben mitfließen. Aus gutem Grund galt Glück schon in der antiken stoischen Philosophie (*Stoicorum veterum fragmenta*, III, 16) als *eúroia bíou*, als »guter Fluss des Lebens«. Was im Stoischen vor allem als *Mitfließen* mit einer vorgegebenen Natur des eigenen Selbst gemeint war, kann auch als *Hin- und Herfließen* wie bei einem Meer und seinen Gezeiten verstanden werden, auch als ein Mitgerissenwerden und *Hingerissensein* (wenngleich das nicht sehr stoisch ist), in manchen Situationen sogar ein *Zerfließen*, *flow* in einer populär gewordenen Psychologie des Glücks im ausgehenden 20. Jahrhundert: Das Selbst überlässt sich dabei ganz und gar einer Sache, einer Situation, einem anderen Menschen, gibt sich in Passivität oder Aktivität selbstvergessen dem Leben hin, vollkommen erfüllt von den reichen inneren Ressourcen des Fühlens und Denkens, die dabei frei werden, fern von den äußeren Scharmützeln, die um knappe Ressourcen etwa der Aufmerksamkeit geführt werden. Die Zeit, ohnehin vielleicht

32

nur eine menschliche Erfindung, wird nicht mehr wahrgenommen: »Dem Glücklichen schlägt keine Stunde.« Die Wirklichkeit sinkt zu einer Möglichkeit unter vielen herab. Und doch ist auch diese Erfahrung nur ein Moment; der »gute Fluss des Lebens« strömt breiter dahin und lädt zum *Mitschwimmen* mit dem gesamten Strom von Wirklichkeit und Möglichkeit ein, zuweilen auch gegen ihn, schon aus Übungsgründen, um ein guter Schwimmer zu bleiben.

Keines der genannten »Glücke« ist verzichtbar, das dritte Glück aber, das einzige, das dauerhaft sein kann, gilt es in modernen, vom Angenehmen verwöhnten Zeiten erst wieder zu entdecken. Zufallsglück und Wohlfühlglück beruhen auf vereinzelten Erfahrungen, kleinen und größeren Episoden, sodass von einem *episodischen Glück* die Rede sein kann, das zufällig geschieht und sich gelegentlich zeigt. Es ist abhängig davon, dass Menschen im richtigen Moment offen dafür sind, für einen Augenblick, von dem sie sich wünschen würden, dass er bleibt, ohne doch böse sein zu dürfen darüber, dass er vergeht – denn umso lieber kehrt er wieder, und zum Bleiben zu zwingen ist er ohnehin nicht. Das Glück der Fülle ist demgegenüber ein anhaltendes, auch ein zurückhaltendes Glück, das die Zeiten übergreift und von Dauer ist, ein *epochales Glück*, das erst möglich wird durch die Einbeziehung all dessen, was die Fülle des Lebens ausmacht. Wer von diesem Glück etwas Spektakuläres erwartet, wird wohl enttäuscht sein: Es ist nichts Besonderes. Schwer zu erreichen ist es vor allem dadurch, dass immerzu nach dem Besonderen und Spektakulären gesucht wird. Nicht immer ist das zugehörige umfassende Bewusstsein im jeweiligen Moment präsent, daher ist das Glück der Fülle zuweilen erst in der *Erinnerung* erfahrbar: Mit dem Blick aus der Distanz, für den sich das Leben zum Zusammenhang fügt, mit all den lichten Stellen und Schattierungen, die den Reichtum eines erfüllten Lebens zwischen Geburt und Tod ausmachen.

Keine Frage, dieses dritte Glück, das Glück der Fülle, ist die einzige irdische Möglichkeit, die Erfüllung der Verheißung des Evangeliums nach Johannes 10,10 zu erleben: Das Leben »in Fülle«

zu haben. Mit diesem Wort »in Fülle«, *perissón* im Griechischen, hat es jedoch eine besondere Bewandtnis, denn einerseits ist damit etwas gemeint, das über das gewöhnliche Maß hinausgeht, hier bezogen auf das Leben: Übergroß, überviel, überreich, ungewöhnlich, außergewöhnlich. Aber der Begriff ist an der Grenze zum Problematischen angesiedelt, denn gerade das Übermaß ist in Gefahr, zum Überdruss zu werden. Das ist die andere Bedeutung von *perissón*: Allzu groß, vermessen, übertrieben, ins Unnötige, Unnütze, Überflüssige, Entbehrliche kippend. Daraus folgt, dass auch das Glück der Fülle eine Gefahr in sich birgt: Allzu vermessen dürfen die Ansprüche auch an dieses Glück nicht sein. Es wird wohl zu akzeptieren sein, dass ein Mensch in seiner Endlichkeit zwar an der Fülle des Lebens teilhaben kann, die gesamte Fülle aber in einer anderen Dimension, der Dimension der Unendlichkeit, zu finden ist. Dem Menschen bleiben vom Glück immer nur *Fragmente*, Stücke des Glücks: Vom Zufallsglück sowieso, ebenso vom Wohlfühlglück, dessen Fragmente Momente sind, und fragmentarisch bleibt eben auch das Glück der Fülle.

Dies vorausgesetzt, ist ein Mensch mit dem Glück der Fülle dennoch in der Lage, eine Beziehung zur Fülle des Unendlichen, Göttlichen zu unterhalten, einen »guten Dämon« in sich zu haben, wie dies der griechische Begriff *eudaimonía* schon in sich birgt. Dieser »gute Geist« kommt in Heiterkeit und Gelassenheit am besten zum Ausdruck. Die *Heiterkeit* ist eine geistige Haltung, die der Fröhlichkeit ebenso viel Bedeutung zumisst wie der Traurigkeit. Die *Gelassenheit* ermöglicht das Gewährenlassen auch des Abgründigen und Widersprüchlichen, der Angst im Kontrast zum Freisein von ihr, des Schmerzes im Kontrast zur Lust, des Leids im Kontrast zur Freude, des Todes im Kontrast zum Leben. Sich der grundlegenden Tragik von Leben und Welt nicht zu entziehen, darin jedoch auch nicht unterzugehen: So entsteht die Heiterkeit, die mit der Gelassenheit zur »heiteren Gelassenheit« verschmilzt.

Heiterkeit ist das Signum eines Lebens in der Balance, eines »symmetrischen Lebens«, wie Demokrit, der Begründer des philosophischen Begriffs der Heiterkeit (*euthymía* im Griechischen), im

5./4. Jahrhundert v. Chr. dies nannte. Das symmetrische Leben versucht, Gegensätze auszutarieren, etwa die Beschleunigung durch Verlangsamung, Unduldsamkeit durch eine neue Geduld, Veränderung durch Beharrung, das bloße Wohlfühlglück durch ein umfassenderes Glück der Fülle. Die Symmetrie, die Ausgeglichenheit und Ausgewogenheit, lässt sich in aller Regel jedoch nicht *synchron*, nicht im Moment, sondern eher *diachron*, durch die Zeit hindurch erreichen. Sehr wohl kennt sie Ausschläge der Waage nach der einen oder anderen Seite hin, die jedoch mit der Zeit gegeneinander aufgewogen werden, sodass die Polarität des Lebens zu ihrem Recht kommt. Heitere Gelassenheit ist das Bewusstsein davon, dass in allem, was ist, auch noch etwas anderes möglich ist; dass Höhen und Tiefen sich abwechseln wie Tag und Nacht, wie Ein- und Ausatmen; dass dies der Takt des Lebens ist, das aus der Polarität in allen Dingen seine Spannung bezieht. So kann es zum symmetrischen Leben kommen, dessen Ausdruck *Harmonie* sein mag, jedoch eine, die voller Spannung ist, bis hin zu einem Glück, das unvereinbare Gegensätze in sich zusammenspannt. Es schließt auch die Kontrasterfahrung der Verzweiflung nicht aus, durch die das Leben immer wieder hindurch muss. Aber es verhindert die verzweifelte Verzweiflung, die auf Dauer jeden Halt im Leben unterminiert. Dieses Glück umfasst sogar das Unglücklichsein.

4. Das Glück des Unglücklichseins

Das ist die Paradoxie des Glücks der Fülle: Dass ein Glücklichsein möglich ist, bei dem das Unglücklichsein nicht ausgeschlossen werden muss, sondern mit einbezogen werden kann. Die am meisten verbreitete Form des Unglücklichseins ist ein Traurigsein namens *Melancholie*: Nicht nur ein situatives, *spezifisches* Traurigsein, das mit einem Schmerz verbunden ist, der sich grundsätzlich trösten lässt. Sondern auch ein lang anhaltendes, *unspezifisches* Traurigsein, das mit einem Weltschmerz einhergeht, der untröstlich bleibt. Dieses Traurigsein, das dem Leben und der Welt gilt, ist Melancholie, ein Zustand, in dem das Glücklichsein vielleicht als wünschbar, aber nicht wirklich als möglich erscheint. Melancholie ist die Seinsweise einer Seele, die immerzu schmerzt und sich ängstigt, ohne dass dies in irgendeiner Weise als pathologisch gelten könnte. Sie wird begleitet und möglicherweise auch angeleitet von einem höchst reflektierten Bewusstsein, das um die Ungewissheit all dessen weiß, was den Eindruck von Gewissheit macht, und die Fragwürdigkeit aller Dinge kennt, deren mögliche Grundlosigkeit von Grund auf gar nicht bestritten werden kann. Melancholie bewahrt in sich eine Ahnung davon, wie brüchig alles ist, was Menschen schaffen, wie nichtig die menschliche Existenz selbst sein kann und dass ihr der Boden jederzeit unter den Füßen weggezogen werden kann. Ur-Trauer empfindet das melancholische Selbst über die Entfremdung des Menschen von einem zeitlosen Ursprung, über die unaufhebbare Kluft zwischen Wirklichkeit und Möglichkeit, über das unmögliche, allenfalls zeitweilige Einssein mit Anderen in der Welt. Es ist sich der Zweifelhaftigkeit der Zeit, der Sinnlosigkeit allen Tuns, der eigentlichen Bedeutungslosigkeit menschlicher Existenz bewusst. Zu seinem Glück der Fülle gehört das Bewusstsein der Abgründigkeit, ansonsten sieht es sich in der Gefahr bloßer Oberflächlichkeit. Gerade dieses tragische Bewusstsein entspricht dem Leben womöglich mehr als jede törichte Leugnung von Tragik.

Handelt es sich dabei um eine *Depression*? Vielleicht um eine »reaktive Depression« als Folge akuter oder chronischer Belastungssituationen, oder um eine »endogene Depression«, die schicksalhaft aus dem Biologischen herrührt und dem Krankheitswert einer Psychose verwandt ist; oder gar um eine »noogene Depression«, die aus einem vermeintlich falschen, negativen Denken hervorgeht und gleichsam als Sinnlosigkeitsleiden zu betrachten ist? Eine Krankheit der »Niedergedrücktheit«, der *Depression*, gibt es sehr wohl; um ihre Heilung bemühen sich Therapeuten durch psychosoziale Betreuung und Ärzte durch klinische Behandlung etwa der Gefäßschädigung, die eine Folge von (oder ein Grund für?) Depression ist und das Herzinfarktrisiko signifikant erhöht. Aber nicht jede Melancholie ist eine Depression, beide sind klar voneinander zu unterscheiden: Während eine *Depression* gekennzeichnet ist von erstarrten Gefühlen und erstarrten Gedanken, vom Unwillen und von wirklicher Unfähigkeit zur Reflexion, ist die gefühlsbewegte und reflektierte *Melancholie* demgegenüber von übergroßer Sensibilität geprägt, von nicht mehr endender Besinnung und Selbstbesinnung. Der melancholische Mensch ist imstande, reflexive Distanz zu allem zu halten und all die Selbstverständlichkeiten zu verlieren, in denen Menschen gewöhnlich leben, ohne es recht zu bemerken. Er kann sich selbst sogar fremd werden und den Zusammenbruch der eigenen Identität erleben: Menschsein in seiner ganzen abgründigen Fülle. Es gibt an dieser »Krankheit« nichts zu heilen, eher ist diese Dimension des Menschseins zu pflegen. Die Melancholie kann geradezu als eine *Lebensphilosophie* verstanden werden, die das Traurigsein nicht ausschließt, sondern hervorhebt, und es müsste möglich sein, gerade dies zur Grundlage eines schönen und bejahenswerten Lebens zu machen.

Die entscheidende Frage ist die nach der Lebbarkeit des Unglücklichseins, vorausgesetzt, die Lebbarkeit erscheint wünschbar. Sie hängt ab von der Möglichkeit einer *Befreundung mit der Melancholie*, die sowohl den pragmatischen Bedürfnissen des Menschen als auch seiner unpragmatischen Melancholie Rechnung trägt. Zeiten des

Selbst und Zeiten der Melancholie wären festzulegen: *Zeiten des Selbst*, in denen der Pragmatik und Gewöhnlichkeit des Alltags nachzukommen ist, schon um dem endlosen Grübeln auch mal Pausen zu gewähren, und *Zeiten der Melancholie*, die nur ihr gehören, mit Gewohnheiten, in deren Umfeld sie eingebettet und gepflegt werden kann. Um ein Übermaß des Traurigseins etwas zu mäßigen, kann ein Mensch danach trachten, sich und seiner Seele im alltäglich gelebten Leben, wo immer es nur möglich ist, gut zu tun. Bei regelmäßigen Spaziergängen kann er seinen melancholischen Gedanken nachhängen. Beim Hören von Musik können melancholische Gefühle zelebriert werden. Verschiedene Künste stehen dem melancholischen Empfinden zu Gebote: Im Tanz kann es Ausdruck finden, und eine Beschäftigung mit Werken der Malerei und Dichtung zeigt, wie häufig es in der Geschichte bereits Ausdruck gefunden hat. Sinnvoll ist eine Pflege der Erotik, die mit sinnlichen Reizen (kleinen Schüben an Dopamin und Beta-Endorphin) dafür sorgt, dass die Melancholie ein wenig austariert wird und den Faden des Lebens nicht verliert. Und hilfreich ist

43

die Pflege eines Gartens, der mit dem zyklischen Werden und Vergehen von Natur eine andere Form von Zeit repräsentiert, in der ein Melancholiker sich eher beheimatet fühlt als in der wenig anheimelnden linearen Zeit der modernen Kultur. Aus guten Gründen ließ Voltaire seinen in der Welt verlorenen Helden *Candide* zuguterletzt sagen: »Nun aber müssen wir unseren Garten bestellen.« Das Quälende, Selbstzerstörerische der Melancholie lässt sich mildern, wenn das Selbst sich um ein pragmatisches Arrangement für seine romantische Melancholie bemüht. Auch das Unglücklichsein wird somit zu einem Bestandteil des Glücks und bestärkt dessen Nachhaltigkeit. Das Wichtigste im Leben aber ist nicht wirklich Glück.

5. Warum Glück nicht das Wichtigste im Leben ist: Die Frage nach dem Sinn und die möglichen Antworten darauf

Was häufig gemeint ist, wenn nach »Glück« gefragt wird, ist eigentlich »Sinn«. Glück kann ein Ersatzbegriff für Sinn sein. Es ist die Frage nach dem Sinn, die moderne Menschen in wachsendem Maße umtreibt. Viele bevorzugen aber die Rede vom Glück, denn das ist das Wort, das in aller Munde ist und das jeder gut zu verstehen scheint. Sinn hingegen erscheint weniger greifbar, schon die bloße Frage danach macht nicht wenigen Menschen Angst, denn sie ahnen die Abgründe, die sich damit auftun können. Die Dringlichkeit des Strebens nach Glück kann als ein Indiz für die Verzweiflung gelten, die die Entbehrung von Sinn hervorruft. Menschen entbehren Sinn in der modernen Gesellschaft in allen Bereichen des Lebens und auf allen Ebenen der Hierarchie: Sinn der Arbeit, Sinn des eigenen Lebens, Sinn des Lebens überhaupt. *Was aber ist Sinn?* Davon, dass

45

etwas »Sinn macht«, ist immer dann die Rede, wenn Zusammenhänge erkennbar werden, wenn also einzelne Dinge, Menschen, Begebenheiten, Erfahrungen nicht isoliert für sich stehen, sondern in irgendeiner Weise aufeinander bezogen sind. So lässt sich sagen: *Sinn, das ist Zusammenhang*, Sinnlosigkeit demzufolge *Zusammenhanglosigkeit*. Das gilt schon bei einem einfachen Satz: Lässt die Anordnung der Wörter einen Zusammenhang erkennen, wird gar eine Aussage formuliert, macht der Satz Sinn, ansonsten ist eher von einem sinnlosen Gestammel die Rede. Das gilt ebenso für ganze Ketten von Sätzen, die zu einem Text werden, der lesbar ist – oder auch nicht.

Jede Beziehung, die Menschen zueinander pflegen und die einen starken Zusammenhang zwischen ihnen stiftet, erfüllt sie offenkundig mit Sinn. Als »sinnlos« kann hingegen empfunden werden, wenn Menschen ihr Tun nicht aufeinander abstimmen und somit zusammenhanglos agieren. Gesellschaftlich wird eine Reform, die Zusammenhänge vermissen lässt, als sinnlos beurteilt. Als »unsinnige« Idee erscheint eine, die keine oder falsche Zusammenhänge herstellt. Wenn keine Ordnung der Dinge erkennbar ist, weil Zusammenhänge fehlen, ergibt eine Sache »keinen Sinn«. Ob dies einer Realität entspricht oder nur Einbildung ist, lässt sich, soweit zu sehen ist, nur subjektiv nach dem Maßstab der Plausibilität, nicht aber objektiv entscheiden. »Kein Sinn« heißt nicht, dass da kein Sinn *ist* – es *scheint* vielleicht nur so. Wo aber Sinn erfahrbar wird, ist Glück die Folge, und auf der Erfahrung einer *Fülle von Sinn* beruht vor allem das Glück der Fülle. Zusammenhänge, die das Selbst sieht und in die es vielleicht selbst eingegliedert ist, sorgen für das Glück der Stimmigkeit: Etwas stimmt zusammen, das sehr wohl auch auseinanderliegen könnte. In der Stimmigkeit »macht es Sinn«. Das Wichtigste im Leben ist somit *Sinn*, auf allen dafür möglichen Ebenen: Fülle der Sinnlichkeit im *Körperlichen*, Fülle des Fühlens im *Seelischen*, Fülle des Denkens im *Geistigen*, Fülle der Erfahrungen von Transzendenz im *Metaphysischen*, um alle Ebenen des Sinns auszuschöpfen und keine auszulassen.

6. Sinn, der körperlich wahrzunehmen ist

Sinn setzt mit der Erfahrung von *Sinnlichkeit* ein. Aus guten Gründe tragen die Sinne des Menschen in ihrem Namen schon den *Sinn*, der durch sie erfahrbar wird. Der Zusammenhang, den sie herstellen, ist derjenige zwischen Selbst und Welt, vermittelt über die fünf Sinne des Sehens, Hörens, Riechens, Schmeckens, Tastens sowie über einen sechsten Bewegungssinn und einen siebten, inneren Sinn, das »Bauchgefühl«. Alle Facetten des Körpers werden zum Instrument auf der Suche nach Sinn. Welche Bedeutung bereits der Sinn der Sinnlichkeit hat, ist leicht zu ermessen, wenn man sich vorstellt, was aus Welt und Selbst ohne jede Sinnesinformation werden würde: ein Nichts. Fallen einzelne Sinne aus, können andere Sinne den Verlust wettmachen; der Verlust aller Sinne aber würde das Leben verunmöglichen. Der Gewinn der Sinnlichkeit ist dabei jeweils *Sinn im momentanen Leben*, dem oft ein Glücksmoment des Wohlfühlglücks entspricht: Eine bestimmte Musik zu hören, eine schöne Landschaft zu sehen, auch die Landschaft eines Gesichts oder eines ganzen Körpers; einen besonderen Duft zu riechen, ein wohlschmeckendes Essen zu kosten, den vertrauten Menschen zu betasten, den Körper tanzend zu erfahren, ein »Kribbeln im Bauch« zu spüren – all das eben, was die Fülle der Sinne anspricht und woran viele Menschen dennoch Mangel leiden. Beglückend wirkt die Erfahrung des Berührens und Berührtwerdens und wird dennoch viel zu wenig gewährt und genutzt. Stattdessen wird der innere Sinn, das Spüren des eigenen Körpers, manchmal bis zur Hypochondrie getrieben, um diesen Sinn bis zum Überdruss auszureizen. Sinnstiftend kann hingegen schon das bloße Singen sein, das den ganzen Körper, auch die Seele, in Schwingungen versetzt, vielleicht gemeinsam mit Anderen. Oder das Gehen, auch ein einfacher Spaziergang, der den Zusammenhang zwischen Selbst und Welt wiederherstellt, eine wirksame Rettung aus so mancher Verzweiflung.

Der sinnliche Sinn ist jeweils der Sinn eines Augenblicks, situativ, aber vollkommen erfüllend.

Und doch von begrenzter Reichweite: Etwas, das nur für diese Minute, diese Stunde, diesen Tag »Sinn macht« und zu genießen ist, *carpe diem*. Wer die Sinne voll entfaltet, wird durchströmt vom Leben und nimmt die tausendfältigen Erscheinungsformen der Welt wahr. Ein Grundproblem des modernen Verlustes an Sinn erweist sich aber bereits hier: Der Verfall der Sinne in der technischen Welt zieht ein Verschwinden von sinnlichem Sinn nach sich, somit ein Schwinden des Zusammenhangs von Selbst und Welt. Anstelle eines integralen Sehens, Hörens, Riechens, Bewegens sitzen Menschen oft vor Bildschirmen – eine starke Einschränkung der Sinne auf den Gesichtssinn und des Gesichtssinns noch auf ein enges Gesichtsfeld. Anstatt ihrem Geschmackssinn mit wohlschmeckendem *Slowfood* Genüge zu tun, begnügen sie sich mit der Fadheit von *Fastfood*. Anstelle einer eigenen Bewegung lassen sie sich von motorisierten Gestellen bewegen, deren Geschwindigkeit kaum ein Verweilen des Blicks erlaubt. Die dünne Luft moderner Abstraktion hat letzten Endes ein sinnloses, vieler lebhafter Zusammenhänge entledigtes Leben zur

Folge. Demgegenüber stellt sich für den, der mit allen Sinnen wahrnimmt, die Frage nach »dem Sinn« kaum mehr. In der Erfahrung sinnlicher Schönheit findet er sogar den Sinn des Lebens, mag es auch immer nur ein Sinn im jeweiligen Moment, im Hier und Jetzt sein. Gleichwohl gibt es noch ein Leben darüber hinaus, und es wäre schade, die weiteren Ebenen des Sinns brachliegen zu lassen.

7. Sinn, der in tiefster Seele zu fühlen ist

Tief innerlich in seiner Seele, in diesem Raum, dessen eigentümliche Energie in der Bewegung von Gefühlen zum Ausdruck kommt, ist ein Mensch berührt vom Sinn, den alle Arten von Beziehungen stiften können, nicht nur momentan, sondern auch über ganze Zeitspannen hinweg und vielleicht das ganze Leben hindurch: *Sinn im gesamten Leben*. Beziehungen »machen Sinn«, insofern sie Zusammenhänge begründen, erfahrbar in Begegnungen, die gesucht werden, in Gesprächen, die geführt werden, in Umgangsformen, die beachtet werden, beginnend zwischen zweien. Jedes Gespräch knüpft, auch wenn es nur von Belanglosigkeiten handelt, einen Faden des Zusammenhangs und verkörpert Sinn schon durch sein bloßes Geschehen. Umso mehr jedoch die starke, gefühlte Bindung, die von herausgehobener Bedeutung für das jeweilige Selbst ist und einen innigen Zusammenhang bewirkt, in dem auch gegensätzliche Gefühle ihren Platz haben:

Menschen, die *Liebe* füreinander fühlen, stellen sich die Frage nach dem Sinn nicht mehr – denn sie fühlen sich in dessen Besitz, daran ändern auch gelegentliche Unlustgefühle und Auseinandersetzungen nichts. *Freunde*, die sich einander zugehörig fühlen, schöpfen aus ihrer Beziehung den Sinn, der sie Widrigkeiten besser durchstehen lässt und ihr Leben bejahenswerter macht. Die Erfüllung, die es bedeuten kann, *Kinder* zu haben, mit allen positiven und negativen Seiten, resultiert aus der Erfahrung des unbedingten Zusammenhangs mit ihnen, der für immer bestehen bleibt, auch wenn er negiert werden sollte; anhaltenden Sinn vermittelt das Teilhabenkönnen an der Fülle des heranwachsenden Lebens, das Kinder in aller Unbefangenheit repräsentieren. *Heimat* wiederum ist eine Quelle von Sinn aufgrund der engen Bindung an diesen Ort, des gefühlten Zusammenhangs mit seinen tief verwurzelten, unverwechselbaren, vollkommen vertrauten Eigenarten und Ritualen. Jede *Geselligkeit* spendet Sinn aufgrund der Zusammenhänge mit Anderen, die dabei rituell gepflegt werden. Jede *Zusammenarbeit* an einem Arbeitsplatz erscheint sinnvoller als das allzu übliche sinnlose Aneinandervorbeiarbeiten, und jede *Arbeit* vermittelt eine starke Erfahrung von Sinn, wenn sie sich in Zusammenhänge eingebettet weiß und auch selbst welche herstellt. Insbesondere ein *Beruf* »macht Sinn« aufgrund der hingebungsvollen Arbeit am Zusammenhang eines Werks, der Bindung an eine spezifische Tätigkeit, die mehr ist als ein bloßer Job.

Eine wichtige Voraussetzung für viele äußere Zusammenhänge sind die *inneren* im eigenen Selbst, die für moderne Menschen zu einer Art von Arbeit werden: Sich zu befreunden mit sich selbst, vielleicht sogar sich zu lieben, ist Sinnstiftung, um der inneren Zerrissenheit gegenzusteuern, die auch äußere Zusammenhänge unterläuft. Ein Selbst, das zu sehr mit sich beschäftigt ist, verfügt nicht über die Ressourcen, sich Anderen und Anderem zuwenden zu können. Die Beziehung zu sich ist daher die Basis für die Beziehungen zu Anderen, für die Gründung und Pflege der verschiedensten *sozialen Zusammenhänge*, deren Selbstverständlichkeit in der Moderne geschwunden ist, sodass die bewusste Sorge um sie zur Aufgabe wird. Jede

Bindung ist wertvoll in einer Zeit der Bindungs-
losigkeit, und je intensiver, desto wertvoller; mit
dem Verlust von Bindung aber geht ein Verlust
von Sinn einher, der existenziell bedrohlich werden kann. Wenn daher keine positive Bindung
mehr zur Verfügung steht, dann wenigstens noch
die negative von *Streit* und Auseinandersetzung,
die immer noch eine gefühlsstarke Beziehung
stiften und somit Halt geben kann. Im positiven
Sinne sinnstiftend wiederum ist, privat wie gesellschaftlich, die *Teilhabe*, dazuzugehören, gehört
zu werden und selbst mitreden zu können: Sich
als Mitglied einer Gemeinschaft, als Bürger einer
Gesellschaft zu fühlen und somit »bürgerlichen
Sinn« im Wortsinne zu erfahren. Ein Problem für
sich sind die Zusammenhänge der *Macht*, die für
diejenigen, die über sie verfügen, ein solches Maß
an Sinn repräsentieren, dass ihnen ein Leben ohne Macht kaum noch vorstellbar erscheint, während Andere in ihrer Machtlosigkeit diesen Sinn
entbehren müssen. Sinn vermitteln ferner Beziehungen der *Hilfe* für Andere, bis hin zum altru-
istischen Dasein für sie: Nicht nur die Anderen,
auch die Helfenden selbst gewinnen aus diesem

Zusammenhang inneren Reichtum, eine nie versiegende Quelle von Sinn, keineswegs abhängig von einer Aufopferung.

Über die sozialen hinaus sind es *ökologische Zusammenhänge*, die sinnstiftend wirken: Die gefühlte Verbindung mit der Natur birgt von jeher sehr viel Sinn in sich. Menschen finden Trost in der sinnlichen Anschauung und Erfahrung von Natur, aus der sie wieder Kraft schöpfen können, und die Natur kann diese Erfahrung von Sinn vermitteln, da in ihr offenkundig alles mit allem zusammenhängt. Diese enorme Ressource an Sinn haben Menschen im Laufe der Modernisierung, vor allem im Gefolge der Industrialisierung, willentlich aus der Hand gegeben: Natur erschien nur noch als ein Objekt der Ausbeutung. So musste diese Quelle versiegen, und die spürbaren Auswirkungen ließen auf sich warten, bis die Zerstörung ökologischer Zusammenhänge Rückwirkungen auf die menschliche Existenz selbst zur Folge hatte. Zu einer neuerlichen Aufmerksamkeit auf ökologische Zusammenhänge und zur Neubegründung einer Bindung an die

56

Natur, sei es unter dem Motto einer »Rettung der Erde« oder »Bewahrung der Schöpfung«, führt die gedankliche Neuorientierung, die diese Sinnzusammenhänge wieder freilegt. Das verweist über das Fühlen hinaus auf die Bedeutung des Denkens für mögliche Antworten auf die Frage nach dem Sinn.

8. Sinn, der im Geiste zu denken ist

Gedanklich sind Menschen mit dem Sinn in einem umfassenden Sinne befasst, gebunden an den Intellekt, der Zusammenhänge des Lebens zu analysieren erlaubt, sie aber auch wieder zu synthetisieren hat, um nicht bei sinnlosen Einzeldaten stehen zu bleiben. Der *Sinn des Lebens* für den Einzelnen und bezogen aufs Ganze wird dabei zum Gegenstand des Denkens und der Diskurse. Dieser Sinn ist nicht einfach nur eine objektive Gegebenheit, jedenfalls ist er als solche einem Menschen wohl kaum zugänglich. Vielmehr hat er mit Zusammenhängen der *Hermeneutik* zu tun und ist eine Frage der Deutung und Interpretation. Interpretation meint wörtlich ein »Dazwischentreten«, das dafür sorgt, dass auseinander liegende Bruchstücke einer Menge an Informationen, einer Sache, eines Geschehens oder des gesamten Lebens einen Zusammenhang gewinnen, der plausibel erscheint und mit dem es sich leben lässt. Bereits bei der trivial erscheinenden Interpretation eines Gedichtes wird ein *Know-how* erworben, wie Sinnstiftung eigentlich geschieht. Aber gemeint ist auch die Fülle möglicher Deutungen des eigenen Lebens und des Lebens insgesamt, die verhindern können, sich in einen allzu engen Zirkel der Lebensauffassung oder in die Überzeugung allgemeiner Sinnlosigkeit einzuschließen. Die hermeneutische Fülle ist Bestandteil der Fülle des Sinns: Die Tätigkeit der Deutung und Interpretation ist potenziell unabschließbar, stets aufs Neue steht sie offen für weitere, andere, nie gesehene, unerhörte Zusammenhänge; musikalische Interpretationen geben ein Beispiel dafür. Die Vielzahl möglicher Deutungen legt sogar den Schluss nahe, dass im Leben alles voller Zusammenhänge, also voller Sinn ist; entscheidend wäre jedoch, dies auch so wahrzunehmen, und die äußerste Erfüllung bestünde darin, absoluten Sinn im eigenen Leben, vielleicht im Leben überhaupt zu sehen.

Auch Geistes- und Naturwissenschaften beruhen auf dieser geistigen Anstrengung, Zusammenhänge und somit Sinn zu sehen und herzustellen und sich nicht mit herumliegenden einzelnen Fakten zufrieden zu geben. Alles Lernen und Erkennen ist ein Herstellen von Sinn auf geistiger Ebene. Jeder weiß bereits aus dem Mathematikunterricht, wie erfüllend es ist, Zusammenhänge zu sehen, und wie frustrierend, sie zu verfehlen; im Laufe des Lebens verfestigt sich diese Erfahrung. Dabei sind sehr viele Interpretationen denkbar, die plausibel erklären können, wie die Dinge zusammenhängen, sodass das Selbst Sinn darin finden kann: Ob etwas beabsichtigt ist (*intentionale* Zusammenhänge), welcher Regel etwas folgt (*logische* Zusammenhänge), wie etwas zu begründen ist (*argumentative* Zusammenhänge), warum etwas geschehen ist (*kausale* Zusammenhänge), dass dies dann geschieht, wenn jenes gegeben ist (*konditionale* Zusammenhänge), und welchen Nutzen etwas hat und für wen (*utilitäre* Zusammenhänge). Welche Sicht der Einzelne darauf hat (*subjektive* Zusammenhänge), wie es sich aus allgemeiner Sicht ausnimmt (*objektive* Zusammenhänge), wie es im Rahmen eines Kontextes dazu gekommen ist (*situative* Zusammenhänge) und wie es im Laufe der Zeit so geworden ist, wie es ist (*historische* Zusammenhänge). Wie etwas gedacht ist (*konzeptionelle* Zusammenhänge), wie es dann zufällig kommt (*kontingente* Zusammenhänge), wie aus Erfahrungen Begriffe werden und diese auf Erfahrungen zurückwirken (*terminologische* Zusammenhänge), wie gegensätzliche Dinge sich wechselseitig bedingen, etwa der Tod, der dem Leben erst Wert verleiht (*polare* Zusammenhänge), und dass auch scheinbar Widersinniges zusammenpasst, etwa die Gewissheit eines Glaubens und das Wissen um seine Absurdität (*paradoxe* Zusammenhänge). Dass jemand die Verantwortung für ein Tun oder Lassen trägt (*responsive* Zusammenhänge), dass es auch ein von niemandem gewolltes oder ein einseitig gewolltes, in jedem Fall aber verhängnisvolles Geschehen gibt, das unumkehrbar wird (*tragische* Zusammenhänge), und letztlich ein unerklärliches, unauflösbares Geschehen, mit dessen Rätselhaftigkeit menschliches Sein sich zu bescheiden hat (*enigmatische* Zusammenhänge).

Von herausragender Bedeutung für die geistige Sinngebung sind von alters her *teleologische Zusammenhänge*, die Ausrichtung auf ein Ziel und einen Zweck (griechisch *télos*), womit das Wort »Sinn« bezeichnenderweise sogar ganz verschmelzen kann: Wozu etwas gut ist, auf welches Ziel es zusteuert, welchem Zweck es dient. Es kann sich um kleine oder große Ziele handeln, die nah oder fern liegen. Es kann darum gehen, einen kleinen Wunsch zu hegen und auf seine Erfüllung hinzuarbeiten – und die Erfahrung zu machen, dass die Intensität der Erfüllung in einem direkten Verhältnis zu Länge und Schwierigkeitsgrad der Wegstrecke dorthin steht. Ein großartiges Ziel ist es, Freiheit zu verwirklichen; ein noch weiter gehendes Ziel, sie auch zu bewältigen. Ein möglicher Zweck, geradezu der Sinn des Lebens kann darin zu sehen sein, als Einzelner eine Variation des Lebens ins Spiel zu bringen und ihre Lebbarkeit zu erproben, denn so prozediert alle Evolution des Lebens. Wenn es aber um den größten Wunsch geht, den viele hegen, das Leben nämlich zu verlängern, dann ist, abseits aller wissenschaftlich-technischer Anstrengungen hierzu, bereits das einfache Lesen eines Buches eine goldrichtige Idee: Lesen ist Lebensverlängerung, denn es macht intelligenter, und intelligente Menschen

leben länger, wie eine englische Langzeitstudie
von 1932 bis 2002 mit mehr als zweitausend Teil-
nehmern zweifelsfrei ergeben hat …

Mit jedem Ziel, jedem Zweck wird eine *Perspek-
tive* eröffnet, die sinnvoll erscheint: Aller Sinn
scheint perspektivisch gebunden zu sein und
sich aus einer bestimmten Sicht, nicht aus einer
anderen zu ergeben. Nach solchen Perspektiven
fragen Menschen. Bleiben Antworten darauf aus,
erzeugt dies ein Empfinden von Aussichtslosig-
keit, die meist gleichbedeutend ist mit Sinnlosigkeit. Ein Ziel zu setzen, eine Vision vor Augen zu
stellen, einen Zweck zu proklamieren war lange Zeit die Aufgabe heteronomer Instanzen, die
sich in der Geschichte etablierten: Aufgabe des
Familienoberhaupts, der Kirche, des Staates. In
der Moderne wird die Aufgabe zusehends von
ökonomischen Institutionen übernommen, die
Chancen zu einem persönlichen Aufstieg bieten
und das Ziel einer »Eroberung von Märkten«
vorgeben. Unter Bedingungen moderner Autono-
mie aber wird ein Akt des einzelnen Menschen
daraus: Sich selbst eine Aufgabe zu stellen, um

sie zu erfüllen; sich selbst eine Pflicht aufzuerlegen, um ihr nachzukommen; einem Sollen zu folgen, auch wenn man ohne weiteres anders wollen könnte. *Ethisch-ästhetische Zusammenhänge*, die sinnstiftend sein können, sind davon geprägt, das Gute und Richtige, jedenfalls das nach reiflicher Überlegung als gut und richtig Erkannte zu tun oder zu lassen, mag es aus anderer Sicht auch falsch sein; auch dem Schönen, das bejahenswert erscheint, zu folgen: Dieses Gefühl, dieses Bewusstsein setzt Energien frei, das gegenteilige Gefühl und Bewusstsein hingegen dämmt sie ein.

Von besonderer Bedeutung für die geistige Sinngebung sind ferner *narrative Zusammenhänge*: Alles, was sich erzählen lässt, macht Sinn. Die Erzählung fügt, oft in »Sinnbildern«, die verschiedensten Geschehnisse und Informationen zu Zusammenhängen, die nur halbwegs plausibel sein müssen, um als sinnvoll akzeptiert zu werden. Daher sind Menschen so begeistert davon, Geschichten zu erzählen und sie umgekehrt auch zu hören. Es ist nicht wichtig, ob es sich um reale oder erfundene Geschichten handelt: In beiden Fällen bewahren sie vor der abgründigen Erfahrung der Sinnlosigkeit. Entscheidend ist das Zusammenfügen des Auseinanderstrebenden, die Konvergenz des Divergenten. Selbst dann, wenn eine Sache, ein Geschehen, das Leben überhaupt im jeweiligen Augenblick sinnlos erscheint, kann im Nachhinein noch ein Sinn im Rahmen einer Erzählung gefunden und zugeschrieben werden: Das gilt für die Biographie, die »kleine« Lebenserzählung eines Menschen in gleicher Weise wie für die Historie, die »große« Geschichtsschreibung ganzer Gesellschaften.

Und doch bedarf es zugleich der gedanklichen Anstrengung einer *Kritik des Sinns*, um einen allzu dominanten, vielleicht tyrannisch und terroristisch werdenden Sinn wieder zu irritieren, womöglich zu destruieren und neuen Sinn zu formulieren. Um fähig zur Korrektur zu bleiben, ist es sinnvoll, an einem Sinn immer wieder zu zweifeln und sich seiner erneut zu vergewissern. Derjenige, der sich eines objektiv erscheinenden Sinns allzu gewiss ist, erst recht eines übergreifenden Sinns über sich selbst hinaus, läuft Gefahr, sich und Andere als bloße Vollzugsorgane dieses Sinns zu sehen und alles Tun und Lassen unter diesem Vorzeichen von vornherein für gerechtfertigt zu halten. Und dennoch bleibt die übergreifende Ebene des Sinns bedeutsam.

9. Sinn über sich hinaus, der zu denken und zu fühlen ist

Zweifellos zielt die Frage nach Sinn letztlich über die eigene Existenz und die Existenz des Menschen in seiner Endlichkeit und Wirklichkeit hinaus. Es geht dabei um Transzendenz, im Wortsinne des lateinischen *transcendere*: Das Überschreiten einer Schwelle, hier die zwischen Endlichkeit und Unendlichkeit, Wirklichkeit und Möglichkeit. Der übergreifende Zusammenhang, der dabei in den Blick kommt, ist der weitestmögliche Horizont, in den das eigene Leben eingebettet werden kann, oft mit Spiritualität und Religiosität in Verbindung gebracht, deren Wahrheit jedoch nicht behauptet werden muss, um den Horizont zu gewinnen, auf den es hier ankommt. Dieser *Sinn über das Leben hinaus* kann eine Frage der Gewissheit sein, die plötzlich gefühlt wird (religiöses Erlebnis), oder der Annahme, die aus einer gedachten Deutung und Interpretation hervorgeht (religiöse Überlegung). Die Annahme reicht völlig aus für die Öffnung des Horizonts und lässt die Tür offen für all diejenigen, die die Transzendenz nicht mit einem Glauben, woran auch immer, in Verbindung bringen können und dennoch ihr Leben offen halten wollen für eine andere Dimension. Sehr vieles steht dabei in Frage, denn es geht um die grundlegendsten Zusammenhänge. Kaum beantwortbare Fragen wie die nach dem spezifischen Sein des Menschen, das kein göttliches Sein ist und vielleicht doch in einer Beziehung dazu steht (*anthropologische* Zusammenhänge), nach dem Woher und Wohin des Menschen und der gesamten Welt (*kosmische* Zusammenhänge), nach der Schicksalhaftigkeit (*fatalistische* Zusammenhänge) und Vorherbestimmung (*deterministische* Zusammenhänge) finden hier zumindest ihren Ort, auch wenn sie nicht definitiv zu beantworten sind.

Wenn die Beziehung zu einer Unendlichkeit und Möglichkeit, zu einem überwölbenden Horizont der Transzendenz, der endlichen, wirklichen Existenz Sinn und *Geborgenheit* vermitteln kann, dann kommt es darauf an, eine solche Beziehung zu finden. Entscheidend ist nicht, ob dieser überwölbende Horizont nur eine menschliche Projektion oder aber unbestreitbare Wirklichkeit ist, entscheidend ist die Frage: Trägt ein solcher Horizont zu einem schönen und bejahenswerten Leben bei? Sehr gut vorstellbar, dass dies der wesentlichste Beitrag dafür ist, ein *erfülltes Leben* zu realisieren: Das Leben zu öffnen zu einer Dimension der Transzendenz, die die Grenze des endlichen Lebens überschreitet; sich dies zumindest vorzustellen, um die Fülle des Lebens zwischen Endlichkeit und Unendlichkeit zu ermessen. Denn ein Leben, das sich auf seine Endlichkeit zurückzieht, wird dieses Maß an Fülle kaum je zu erreichen vermögen. Dass es ein existenzielles Interesse von Menschen gibt, sich nicht in die engen Grenzen ihrer selbst und ihrer Welt einzuschließen, ist nachvollziehbar, denn in einem allzu engen Rahmen würde sich der Reichtum des Lebens, die mögliche Erfüllung der Existenz, in Grenzen halten. Daher die Grenzüberschreitung, die unabhängig von der Wirklichkeit zumindest als Möglichkeit gedacht werden kann.

Sich eine entsprechende Vorstellung zu machen, ist ein *Kunstgriff der Lebenskunst*, auch wenn von einem »Glauben« die Rede ist. Denn es ist eine große Entlastung fürs Leben, noch eine andere Dimension zu vermuten, der all das anvertraut werden kann, was im gegebenen Leben nicht zu erreichen ist. Mit der Fülle einer *möglichen* Unendlichkeit lässt sich die Armut einer *wirklichen* Endlichkeit kompensieren und die empfundene Leere des Daseins mit einer metaphysischen Sinnannahme füllen, mit einer Art von nüchterner Mystik, einer säkularen Religiosität, und sei es beim nächtlichen Staunen über die unendlichen Räume und Zeiten der Sterne. Zu den Bedingungen des Lebens gehört bis auf weiteres seine zeitliche Begrenztheit, die, wenn sie nicht im Fühlen und Denken zu überschreiten ist, eine Art von Lebensstress hervorrufen kann. Der Versuch, alle Träume in diesem einen, endlichen Leben zu verwirklichen, ist letztlich ja doch immer zum Scheitern verurteilt. Erscheint hingegen ein Leben über die Endlichkeit hinaus plausibel, dann entlastet dies vom Druck, alles in dieses eine Leben packen zu müssen. Es wird möglich,

Unerledigtes aus dem *wirklichen* Leben einem *möglichen* anderen Leben anzuvertrauen und mit gelassener Heiterkeit jenseits jeder Begrenztheit ins Offene hinein zu leben. Und wenn es sich damit doch anders verhalten sollte? Dann verhält es sich eben anders; entscheidend ist, ob das Leben unter der Annahme eines transzendenten Sinns besser gelebt werden kann. Die Erweiterung des Horizonts über die Endlichkeit hinaus kann zur Bezugsquelle einer unerschöpflichen Energie werden, zur Quelle eines sinnerfüllten Lebens. Was Menschen glücklich macht, ist vor allem hier zu finden. Ein Problem der modernen Freiheit lag lange darin, diese Sinnstiftung durch eine Dimension der Transzendenz nicht mehr für denkbar gehalten zu haben, mit der Folge, all die Kräfte, die in der Beziehung zu einer solchen Dimension in reichem Maße zur Verfügung stehen, bitter entbehren zu müssen.

10. Moderne Frage nach Sinn, andersmoderne Arbeit am Sinn

Die Fülle möglichen Sinns vor Augen, lässt sich sagen: Moderne Menschen haben im großen Stil auf Sinn verzichtet, und meist waren sie sich des Verzichts nicht bewusst, überzeugt davon, es gebe keinen Sinn. Die Erfahrung des Nichts im Fühlen und Denken, die in der Moderne zu machen war und dem Nihilismus den Namen gab, hat hier ihren Grund. In der modernen Anonymisierung und Funktionalisierung vieler Zusammenhänge war der Sinn buchstäblich nicht mehr zu sehen, sodass der Eindruck sinnloser Einzelphänomene entstand und in der Empfindung existenzieller Sinnlosigkeit die Frage nach dem Sinn neu aufbrach. Nicht zu allen Zeiten stellte sich die Sinnfrage in solchem Maße, und nicht in allen Kulturen greift sie um sich. Sie bricht dort auf, wo Zusammenhänge fragwürdig werden, die über lange Zeit hinweg fraglose Selbstverständlichkeit für sich beanspruchen konnten.

In modernen Wohlstandsgesellschaften ist die Frage nach dem Sinn eine Folge der endlich erlangten Freiheit, die als *Befreiung* verstanden worden ist, mit einer umfassenden Fragmentierung und Auflösung vormals fester Zusammenhänge. In fünffacher Hinsicht wurde Befreiung angestrebt und in nicht geringem Maße auch erreicht: Verbindliche Zusammenhänge der *Religion*, des Bezugs zu Gott, der so lange in der Geschichte einen Gesamtsinn verbürgte, verschwanden. Zusammenhänge der *Politik*, der verbindlichen und verpflichtenden Hierarchien, in die Individuen eingebunden waren, verloren an Macht. In der *Ökologie* ging die enge Bindung an Zusammenhänge der Natur in der vermeintlichen Befreiung des Menschen davon verloren. Die *Ökonomie* schüttelte ihre gesellschaftliche Verpflichtung auf den Zweck einer Hebung des Wohlstands aller mit der Behauptung ihrer Selbstzweckhaftigkeit ab. Soziale Zusammenhänge der *Gesellschaft*, in vor- und nichtmodernen Gemeinschaften schier unauflöslich, oft zwanghaft, zersplitterten und ließen vereinzelte, vereinsamte Individuen zurück. Zusammenhänge althergebrachter Tradition, allgemeingültiger Konvention, wertgebundener Ethik, verpflichtender Moral sind Geschichte geworden; zuletzt zerbrachen auch die davon gestützten Zusammenhänge in der Beziehung des Einzelnen zu sich selbst. So entstand die innere Leere und äußere Kälte, die viele beklagen und gegen die kaum einer ankommt. Sinn vermittelt Kräfte, Sinnlosigkeit aber entzieht sie: Das ist ein wesentlicher Grund für das Ausbrennen, den »Burn-out«, den so viele Menschen in moderner Zeit beklagen.

Es hatte zweifellos Sinn, jeden allzu objektiv sich gebenden Sinn, der in äußerster Zuspitzung zur Begründung mörderischer Menschenverachtung herhalten musste, in der Moderne zu unterlaufen: Die Arbeit der dadaistischen Destruktion und hermeneutischen Dekonstruktion hatte diese Funktion. Wenn Sinn allerdings nicht mehr von selbst zur Verfügung steht, beginnt die kritische Konstruktion und Rekonstruktion, die *Arbeit am Sinn*, die unverzichtbar ist, denn ohne Zusammenhänge lässt sich nicht leben. Das gilt für die Sinnzusammenhänge des individuellen Lebens, erst recht für die der gesamten Gesellschaft und auf allen Ebenen des Sinns: Sinnlicher Sinn, gefühlter Sinn, gedachter Sinn und Sinn über das menschliche Leben hinaus. Mit der Vergegenwärtigung möglicher Zusammenhänge und der Arbeit daran wird die Fülle des Sinns neu erschlossen, die auf nachvollziehbaren und nicht sehr geheimnisvollen Wegen das vermittelt, was moderne Menschen verzweifelt suchen: Sinn *im* Leben und Sinn *des* Lebens. Sinn setzt *ideelle*, seelisch-geistige Ressourcen frei, die noch von ganz anderer Bedeutung sind als die *materiellen* Ressourcen, auf die modernes Leben und Wirtschaften allzu sehr setzt. Die ideelle Zielsetzung einer Realisierung von Ideen, Träumen, Werten ist nicht zu ersetzen durch die materielle Zielsetzung eines Wohlstands, der für den Lebensvollzug hilfreich sein mag, selten jedoch erfüllend sein kann. Jede Arbeit aber, und sei sie noch so unscheinbar, begründet Sinn, wenn ein Mensch sich ihr aus *ideellen* und nicht nur aus materiellen Gründen widmet. Und genau dann, wenn er auf solche Weise Sinn erfährt, kann er vieles durchstehen und bewältigen – letzten Endes auch die Herausforderungen des modernen Lebens.

Vergeblich ist hingegen der Versuch, das Vakuum an Sinn mit *materiellen* Gütern zu füllen. Wer es dennoch versucht, verdient Mitleid eher als Neid. Knappe Güter erscheinen wertvoll, zu viele Güter aber wertlos, ihr Besitz sinnlos. Geld und Besitz mögen bis zu einem bestimmten Punkt produktiv sein, darüber hinaus werden sie kontraproduktiv, da sie nicht mehr entlasten, sondern neu belasten, etwa durch Verteilungskämpfe, nicht erst in einer Gesellschaft, sondern schon im privaten Umfeld einer Familie. Wem können Menschen mit einem Übermaß an Geld und Besitz noch vertrauen? Dass mit dem Überfluss materieller Güter und Luxusgüter ein Mangel an Sinn einhergeht, hat seinen Grund darin, dass viele vitale Zusammenhänge ausgehebelt werden: In der Überflutung durch »Sensationen« guten Essens, teurer Reisen etc. schwindet der Sinn der Sinnlichkeit. Soziale Zusammenhänge mit Anderen zerbrechen im wechselseitigen Vergleich der Verhältnisse. Die existenzielle Spannung lässt nach, denn dem Selbst scheint nichts mehr entgegenzustehen; so ist »das Leben nicht mehr zu spüren«. Der feste Rahmen knapper Mittel, der Halt gibt, da mit ihm in jeder Hinsicht gerechnet werden muss, entfällt. Der Überfluss ermöglicht, sich umstandslos zu besorgen, was doch erst einiger Anstrengung in Richtung auf ein Ziel bedürfte, um teleologischen Sinn daraus zu gewinnen. Mit der umstandslosen Verfügbarkeit von Mitteln in jedem Moment entfällt auch die Orientierung auf künftige bessere Verhältnisse, der umfassendere teleologische Sinn. Durch die Fixierung auf die Befriedigung momentaner Bedürfnisse wird die Arbeit über sich hinaus für Andere wie auch für kommende Generationen fragwürdig. Wie sonst wäre zu erklären, dass materieller Wohlstand eine solche Erfahrung von Sinnlosigkeit produziert?

Daher wird inmitten der modernen Zeit verstärkt nach Sinn gefragt: Um neue Sinnquellen und mit ihnen neue Energien zu erschließen. Wann immer in der Geschichte Zusammenhänge zerbrachen, etwa zur Zeit des Aristoteles die Zusammenhänge der griechischen Polis, zur Zeit Senecas die der kaiserlichen Macht und der darum herum gruppierten Gesellschaft, zu Zeiten der Aufklärung die Zusammenhänge des Ancien Régime, wurde dies für Menschen zum Anlass, nach Sinn zu fragen, und stets aufs Neue brachten sie ihre Beunruhigung durch die Suche nach Glück zum Ausdruck. Das Glücksbedürfnis des 21. Jahrhunderts lässt sich als Folge der historischen Ereignisse gegen Ende des 20. Jahrhunderts verstehen, bei denen der teleologische Sinn in sich zusammenfiel, der das Wegbrechen so vieler Sinnzusammenhänge in moderner Zeit so lange hatte übertrumpfen können: Das Ziel, das »größte Glück der größten Zahl« (Benthams Formel) zu verwirklichen, war lange Zeit ein gemeinsames Anliegen von Kommunismus und Kapitalismus gewesen, nur der Weg dorthin blieb strittig, und der Streit befeuerte den anhaltenden Krieg der Systeme. Das Ziel verlor seinen Sinn, als ein System allein übrig blieb, das mit der Systemfrage fatalerweise auch die Sinnfrage für erledigt hielt. In einer Zeit des Übergangs fordern Menschen einstweilen individuell dem Leben noch das Glück ab, das sie allgemein vom System, von der Gesellschaft, vom Staat nicht mehr erwarten dürfen. Dass es sich aber um ein Übergangsphänomen handelt, ist bereits deutlich erkennbar; die entscheidende Frage in einer neuen globalen Auseinandersetzung lautet demnach nicht mehr: Wer bietet mehr Glück? Sondern: Wer hat mehr Religion?

Die Sinnfrage trägt historisch weiter als die Frage nach dem Glück. Aber mit der Suche nach Glück schöpft eine ganze Zeit, wie schon zu Zeiten der Aufklärung, durch viele Individuen hindurch neuen Atem und setzt an zu einem historischen Sprung. Eine veränderte, *andere Moderne* wird eine Zeit der Arbeit am Sinn sein, nicht mehr seiner Auflösung. *Anders* wird diese Moderne sein, da es in ihr nicht mehr nur um die negative Freiheit der Befreiung geht, sondern um die positive Freiheit neuer, frei gewählter Bindungen. Nicht ein Zurück zu vormodernen Verhältnissen, sondern vielfache neue Bindungen von Individuen an sich selbst, an Andere, an die Natur, an eine Religion stehen dabei in Frage; auch die neuerliche gesellschaftliche Bindung der Ökonomie an einen Zweck, vor allem den der Bewahrung ökologischer Zusammenhänge. Die andere Moderne wird wieder eine teleologische Sinnstiftung unternehmen und eine Utopie entwerfen, vermutlich, schon aus Gründen des Überlebens, die Utopie einer ökologischen und sozialen Gesellschaft, die nicht mehr nur national, sondern global zu verwirklichen ist. Aber es wird keine Utopie des Paradieses mehr sein, sei es diesseitig oder jenseitig, in dem sich das menschliche Sein im universellen Wohlgefühl auflösen würde und keiner mehr die Frage stellen könnte: »Und dann?« Sollte diese Arbeit erfolgreich sein, wird niemand es erkennen, da niemand mehr die Frage nach dem Sinn stellen wird. Die Fluten des Diskurses über das Glück werden sich wieder zurückgezogen haben und für eine historische Weile dem Blick entschwunden sein. Es wird glückliche Menschen geben, die keinen Anlass dazu haben werden, über das Glück nachzudenken: Ein weiteres, wenngleich schweigsames Kapitel in der Geschichte des Glücks. Diese Menschen werden in einer Zeit leben, die andere Herausforderungen zu bewältigen hat.